училище - məktəp	2
пътуване - səyəxət	5
транспорт - transport	8
град - şəhər	10
пейзаж - tirə-yün	14
ресторант - restoran	17
супермаркет - supermarket	20
напитки - eçemleklər	22
ядене - azıq	23
селски двор - çeftlek	27
къща - yort	31
всекидневна - qunaq bülməse	33
кухня - aş bülməse	35
баня - yuınu bülməse	38
детска стая - bala bülməse	42
облекло - kiyem	44
офис - ofis	49
икономика - iqtisad	51
професии - hönərlər	53
инструменти - ələtlər	56
музикални инструменти - muzıka alətləre	57
зоологическа градина - xaywan baqçası	59
спорт - sport törləre	62
дейности - itkenleklər	63
семейство - ğailə	67
тяло - tən	68
болница - xastaxanə	72
спешен случай - kiçektergesez xəl	76
Земя - Cir	77
часовник - səğət	79
седмица - atna	80
година - yıl	81
форми - şəkellər	83
цветове - töslər	84
противоположности - qapma-qarşılıqlar	85
числа - sannar	88
езици - tellər	90
кой / какво / как - kem / nərsə / niçek	91
къде - qayda	92

Impressum
Verlag: BABADADA GmbH, Nedderfeld 112 , 22529 Hamburg
Geschäftsführer / Verlagsleitung: Harald Hof
Druck: Books on Demand GmbH, In de Tarpen 42, 22848 Norderstedt

Imprint
Publisher: BABADADA GmbH, Nedderfeld 112 , 22529 Hamburg, Germany
Managing Director / Publishing direction: Harald Hof
Print: Books on Demand GmbH, In de Tarpen 42, 22848 Norderstedt

училище
məktəp

класна стая
sınıf bülməse

деление
bülü

186/2

училищен двор
məktəp ixatası

черна дъска
taqta

учител
uqituçı

хартия
kəğəz

пиша
yazarğa

химикал
qələm

бюро
östəl

линеал
sızğıç

ученик
uquçı

книга
kitap

ученическа раница

buqça

ученически несесер

qələmdan

молив

qırandaş

острилка за моливи

qələm oçlağıç

гума

betergeç

блок за рисуване

rəsem dəftəre

рисунка
rəsem

четка
pumala

акварелни бои
buyawlar tartması

ножица
qayçı

лепило
cilem

тетрадка за упражнения
dəftər

домашна работа
öy eşe

число
san

събиране
quşu

изваждане
alu

умножение
tapqırlaw

смятане
isəpləw

буква
xəref

азбука
əlifba

дума
süz

училище - məktəp

текст
tekst

чета
uqırğa

тебешир
aqbur

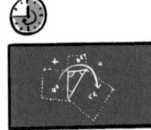

час
dəres

дневник на класа
sıynıf jurnalı

изпит
imtixan

свидетелство
sertifikat

ученическа униформа
məktəp forması

образование
məğərif

справочник
ensiklopediyə

университет
universitə

микроскоп
mikroskop

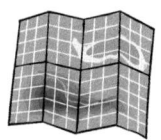

карта
xarita

кошче за хартиени отпадъци
çüp qəğəz çiləge

училище - məktəp

пътуване

səyəxət

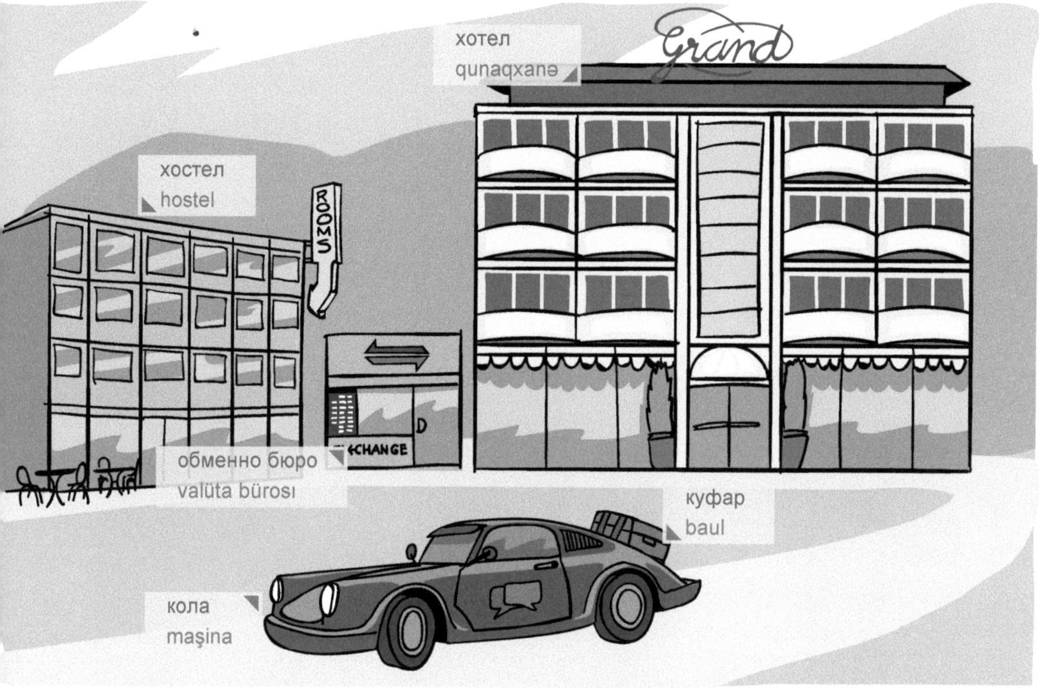

хотел
qunaqxanə
Grand
хостел
hostel
ROOMS
обменно бюро
valüta bürosı
EXCHANGE
куфар
baul
кола
maşina

език

tel

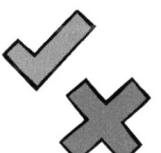

да / не

əye / yuq

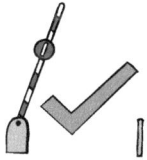

Окей

yarar

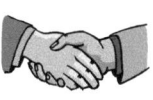

здравей

isənmesez

преводач

tərcemәçe

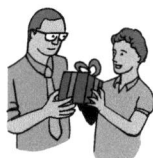

Благодаря

Rəxmət

Колко струва…?

... küpme tora?

Не разбирам

min añlamıym

проблем

problem

Добър вечер!

Xəyerle kiç!

Добро утро!

Xəyerle irtə!

Лека нощ!

Tınıç yoqı!

довиждане

saw bulığız

посока

yünəleş

багаж

bagaj

пътна чанта

buqça

раница

biştər

посетител

qunaq

стая

bülmə

спален чувал

yoqı qapçığı

палатка

çatır

пътуване - səyəxət

туристическа информация
turist məğlüməte

плаж
qomsal

кредитна карта
kredit kərte

закуска
irtənge aş

обед
töşlek

вечеря
kiçke aş

билет
bilet

асансьор
lift

пощенска марка
marka

граница
çik

митница
tamğaxanə

посолство
ilçelek

виза
viza

паспорт
pasport

пътуване - səyəxət

транспорт
transport

самолет
oçqıç

кораб
kərap

пожарна кола
yanğın maşinası

товарен автомобил
töyər

автобус
awtobus

моторна лодка
motorlı köymə

велосипед
səpid

кола
maşina

ферибот
boram

лодка
köymə

мотоциклет
motosiklət

полицейска кола
polisə maşinası

състезателна кола
uzış maşinası

кола под наем
kiralıq maşina

каршеринг
karşering

автомобил от "Пътна помощ"
tartuçı

сметовоз
çüp töyəre

двигател
motor

бензин
yağulıq

бензиностанция
benzinlek

пътен знак
trafik bilgese

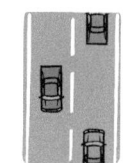

улично движение
xərəkət

задръстване
böke

паркинг
parking

гара
stansa

релси
rəy

влак
trən

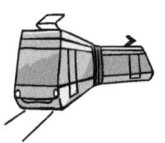

трамвай
tramway

вагон
vagon

транспорт - transport

хеликоптер
boralaq

аерогара
hawa alanı

кула
manara

пасажер
yulçı

контейнер
konteyner

кашон
alap

ръчна количка
yök arbası

кошница
səbət

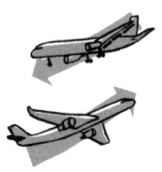

излитам / приземявам се
qalqu / töşü

град
şəhər

село
awıl

градски център
şəhər üzəge

къща
yort

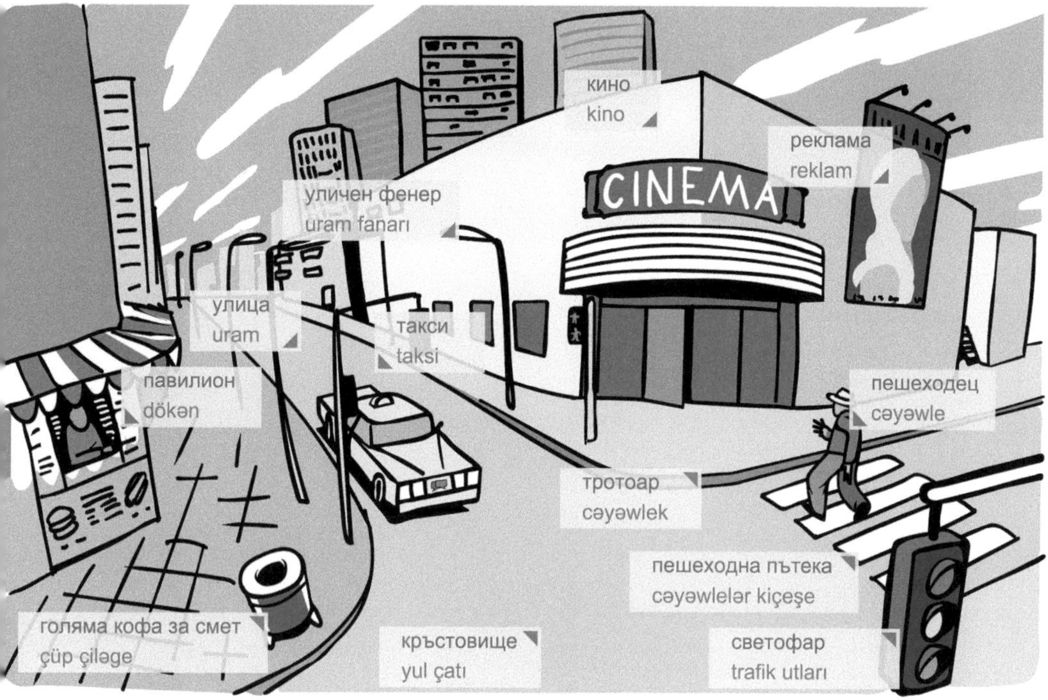

кино / kino

реклама / reklam

уличен фенер / uram fanarı

улица / uram

такси / taksi

павилион / dökən

пешеходец / cəyəwle

тротоар / cəyəwlek

пешеходна пътека / cəyəwlelər kiçeşe

голяма кофа за смет / cüp çiləge

кръстовище / yul çatı

светофар / trafik utları

хижа

alaçıq

жилище

fatir

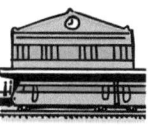

гара

stansa

кметство

şəhər xakimiyəte

музей

yədkərxanə

училище

məktəp

град - şəhər

университет
universitə

банка
bank

болница
xastaxanə

хотел
qunaqxanə

аптека
daruxanə

офис
ofis

книжарница
kitap kibete

магазин за цветя
kibet

магазин за цветя
çəçək kibete

супермаркет
supermarket

пазар
bazar

универсален магазин
zur kibet

търговец на риба
balıq kibete

търговски център
səwdə üzəge

пристанище
liman

12 град - şəhər

парк

park

пейка

eskəmiyə

мост

küper

стълба

basqıç

метро

metro

тунел

tunnel

автобусна спирка

awtobus tuqtalışı

бар

bar

ресторант

restoran

пощенска кутия

yamıl tartması

улична табелка

uram bilgese

часовник за паркинг престой

parking sanağıçı

зоологическа градина

xaywan baqçası

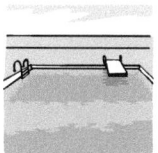

плувен басейн

xəwezxanə

джамия

məçet

град - şəhər

селски двор
çeftlek

замърсяване на околната среда
kerlelek

гробище
zirat

църква
çirkəw

детска площадка
uyın alanı

храм
ğibädätxanä

пейзаж
tirə-yün

- листо — yafraq
- пътепоказател — yul kürsətkeçe
- път — yul
- ливада — bolın
- камък — taş
- дърво — ağaç
- пътешественик — yöreşçe
- река — yılğa
- трева — ülən
- цвете — çəçek

 долина üzən	 планина qalqulıq	 море kül
 гора urman	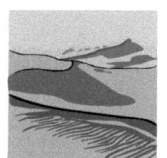 пустиня çül	 вулкан yanartaw
 замък nığıtma	 дъга salawat küpere	 гъба gömbə
 палма palma	 комар çerki	 муха çeben
 мравка qırmısqa	 пчела bal qortı	 паяк ürməküç

пейзаж - tirə-yün

бръмбар
qoñğız

жаба
baqa

катеричка
tiyen

таралеж
kerpe

заек
quyan

кукумявка
yabalaq

птица
qoş

лебед
aqqoş

диво прасе
qaban duñğızı

елен
bolan

лос
poşıy

бент
tuan

вятърна турбина
cir turbinı

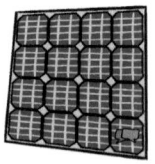
соларен модул
qoyaş panele

климат
iqlim

пейзаж - tirə-yün

ресторант
restoran

келнер
tabınçı

меню
saylaq

стол
urındıq

супа
aş

пица
pitsa

покривка за маса
aşyawlıq

прибори за хранене
çəneçke-pıçaq taqımı

предястие

qabımlıq

основно ястие

töp aşamlıq

десерт

tatlı

напитки

eçemleklər

ядене

azıq

бутилка

şeşə

бързо хранене
fastfud

улична храна
uram rizığı

кана за чай
çəygün

кутия за захар
şikər sawıtı

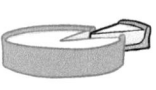

порция
salım

еспресо машина
espresso maşinı

висок детски стол
biyek urındıq

сметка
xisap

табла
töger

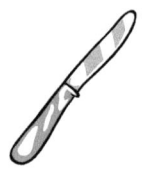

ножица за нокти
pıçaq

вилица
çəneçke

лъжица
qaşıq

чаена лъжичка
çəy qaşığı

салфетка
tastımal

стъклена чаша
tustağan

ресторант - restoran

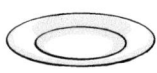  

чиния	чиния за супа	чинийка
tabaq	aş tabağı	cəypək

 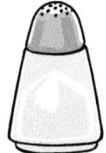 

сос	солница	мелничка за черен пипер
sous	toz sawıtı	borıç tegermәne

оцет	олио	подправки
serkə	sıyıq may	təmlətkeç

кетчуп	горчица	майонеза
ketçup	xərdəl	mayonez

супермаркет
supermarket

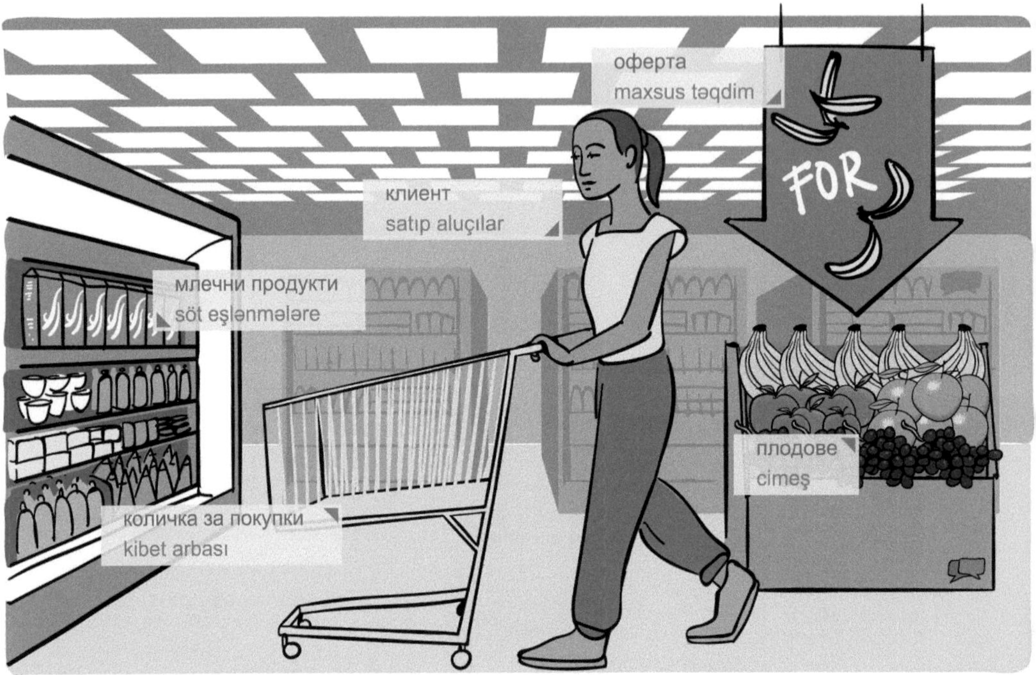

оферта
maxsus təqdim
FOR
клиент
satıp aluçılar
млечни продукти
söt eşlənmələre
плодове
cimeş
количка за покупки
kibet arbası

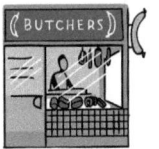

BUTCHERS

кланица

it kibete

BAKERY

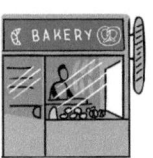

хлебарница

ikməkxanə

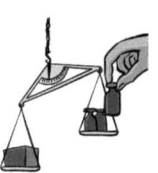

тегля

ülçəw

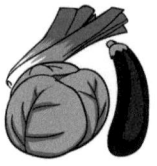

зеленчуци

yəşelçə

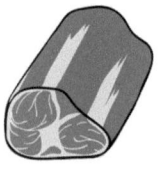

месо

it

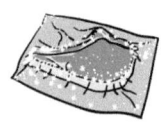

дълбоко замразена храна

tuñdırılğan aşamlıqlar

нарязан колбас или сирене
suıq it

консерви
kənsirləngən aşamlıq

перилен препарат
ker tuzı

лакомства
şikərləmələr

домакински изделия
öy eşlənmələre

почистващи препарати
təmizlek eşlənmələre

продавачка
satuçı

каса
yazuçı kassa

касиер
kassir

списък на покупките
satıp alu isemlege

работно време
eş waqıtı

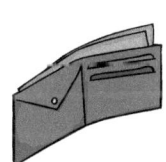

портфейл
qalta

кредитна карта
kredit kərte

чанта
buqça

пластмасова торба
plastik qapçıq

супермаркет - supermarket

напитки
eçemleklər

вода
su

сок
sut

мляко
söt

кола
kola

вино
şərəb

бира
sıra

алкохол
xəmer

какао
kakao

чай
çəy

кафе машина
qəhwə

еспресо
espresso

капучино
kapuçino

ядене
azıq

банан
banan

ябълка
alma

портокал
əflisun

пъпеш
qarbız

лимон
limon

морков
kişer

чесън
sarımsaq

бамбук
bambu

лук
suğan

гъба
gömbə

ядки
çikləweklər

макарони
toqmaç

спагети
spagetti

ориз
döge

салата
salat

пържени картофи
çips

печени картофи
qızdırılğan bərəñge

пица
pitsa

хамбургер
hamburger

сандвич
sandwiç

шницел
kətlit

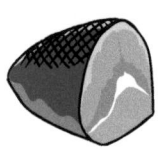  

шунка
ветчина

траен колбас
salami

салам
sosis

пиле
tawıq ite

печено
qızdırma

риба
balıq

ядене - azıq

овесени ядки

solı izməse

мюсли

müsli

корнфлейкс

məkkəy keterdege

брашно

on

кроасан

kruassan

хлебчета

ipi tügərəge

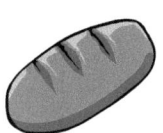

хляб

ikmək

препечена филийка

tost

бисквити

kətərməç

масло

may

извара

eremçek

сладкиш

kəyk

яйце

yomırqa

яйца на очи

təbə

сирене

pəynir

ядене - azıq

25

сладолед
tuñdırma

захар
şikər

мед
bal

мармалад
qaynatma

нуга крем
şokolad izməse

къри
karri

ядене - azıq

селски двор
çeftlek

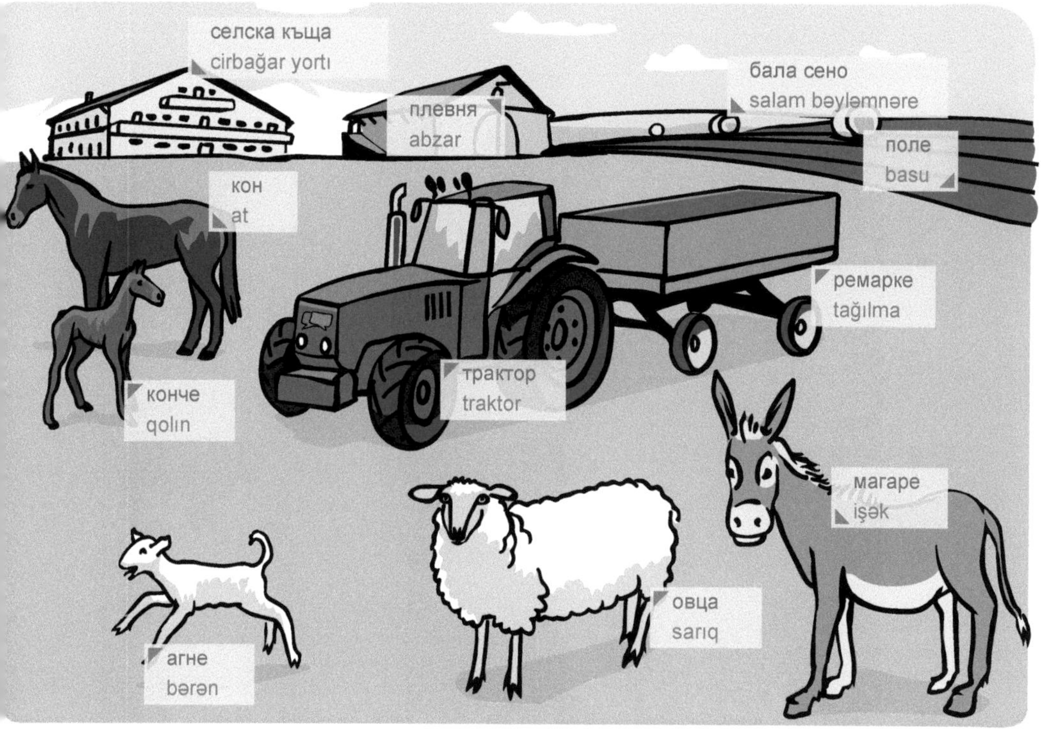

селска къща / cırbağar yortı
плевня / abzar
бала сено / salam bəyləmnəre
поле / basu
кон / at
ремарке / tağılma
конче / qolın
трактор / traktor
магаре / işək
агне / bərən
овца / sarıq

коза
kəcə

крава
sıyır

теле
bozaw

свиня
duñğız

прасенце
duñğız balası

бик
ügez

гъска
qaz

патица
ürdək

пиленце
çebi

кокошка
tawıq

петел
ətəç

плъх
küse

котка
pesi

мишка
tıçqan

вол
eş ügeze

куче
et

кучешка колиба
et oyası

градински маркуч
baqça xortumı

лейка
susipkeç

коса
çalğı

плуг
saban

селски двор - çeftlek

сърп
uraq

мотика
kitmən

вила за тор
sənək

брадва
balta

ръчна количка
qul arbası

корито
tağaraq

съд за мляко
söt çiləge

чувал
qapçıq

ограда
qoyma

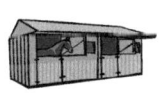

обор
abzar

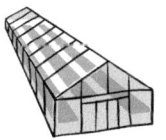

парник
essexanə

земя
tufraq

сеитба
orlıq

тор
aşlama

комбайн
kombayn

селски двор - çeftlek

жъна
uñış cıyarğa

реколта
uñış

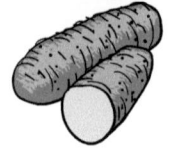

ямс
yam

жито
boday

соя
soya

картоф
bərəñge

царевица
məkkəy

рапица
raps

овощно дърво
cimeş ağaçı

маниока
manyok

зърнени храни
börteklelər

къща
yort

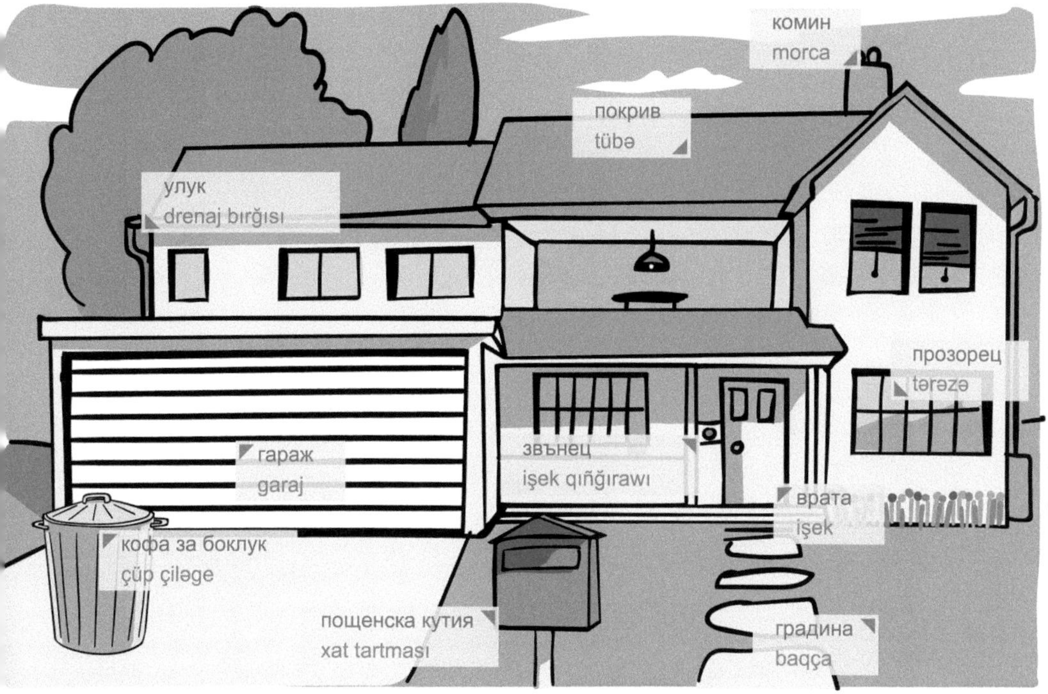

комин
morca

покрив
tübə

улук
drenaj bırğısı

прозорец
tərəzə

гараж
garaj

звънец
işek qıñğırawı

врата
işek

кофа за боклук
çüp çiləge

пощенска кутия
xat tartması

градина
baqça

всекидневна
qunaq bülməse

баня
yuınu bülməse

кухня
aş bülməse

спалня
yataq bülməse

детска стая
bala bülməse

трапезария
aş bülməse

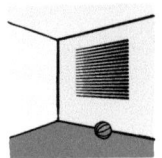	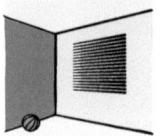	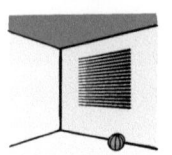
под idän	стена diwar	таван tüşəm

изба tülə	сауна sawna	балкон balkon
	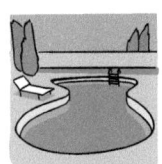	
тераса teras	плувен басейн xəwez	косачка çirəmçapqıç
		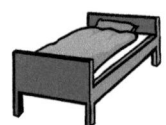
спално бельо cəymə	покривка за легло yataq yapması	легло yataq

метла seberke	кофа çilək	електрически ключ özgeç

всекидневна
qunaq bülməsе

тапет / diwar kəğəze
картина / rəsem
лампа / lampa
рафт / kiştə
шкаф / dulap
камина / çual
телевизор / televiziyə
цвете / çəçək
възглавница / mendər
канапе / diwan
ваза / nəlbək
дистанционно управление / yıraqtan boyırma

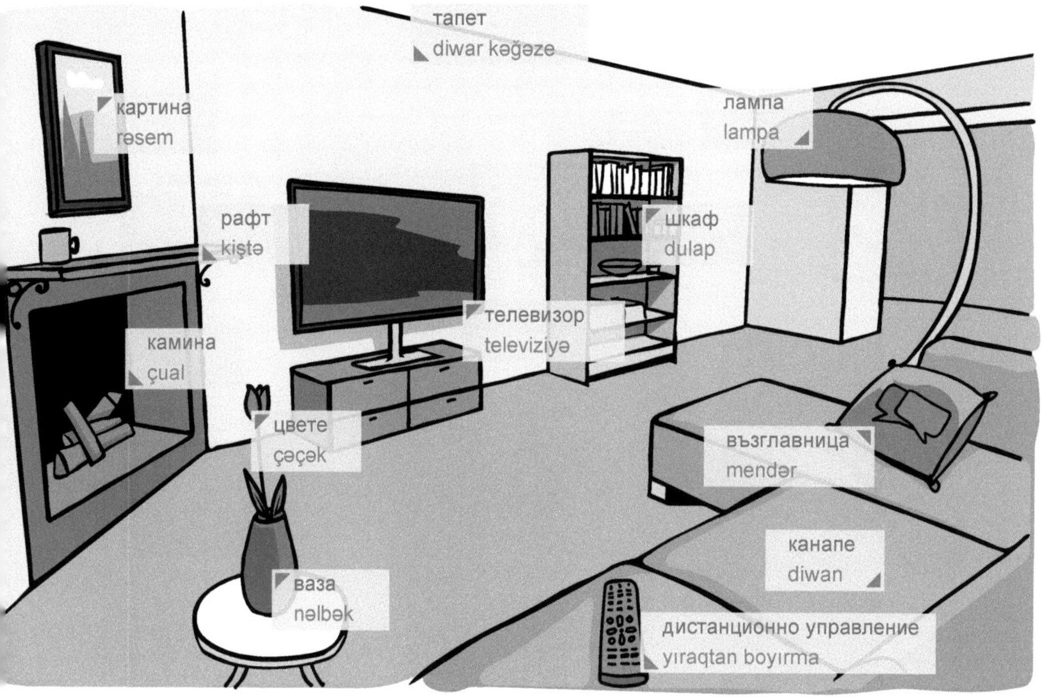

килим
kеləm

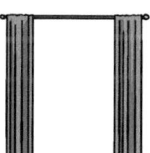

завеса
pərdə

маса
östəl

стол
urındıq

люлеещ се стол
tirbəlmə urındıq

кресло
kənəfi

книга

kitap

одеяло

yapma

декорация

dekor

дърва за отопление

utın

филм

film

стерео уредба

hi-fi

ключ

açqıç

вестник

gəcit

живопис

sürət

постер

poster

радио

radio

бележник

quyın dəftərə

прахосмукачка

tuzansuırğıç

кактус

kaktus

свещ

şəm

всекидневна - qunaq bülməse

кухня
aş bülməsе

хладилник
suitqıç

микровълнова фурна
mikrodulqınlı miç

кухненска везна
aşxanə ülçəwe

тостер
toster

почистващо средство
yuğıç əyber

фурна
miç

хладилна камера
tuñdırğıç

кофа за боклук
çüp çiləge

миялна машина
sawıt-saba yuğıç

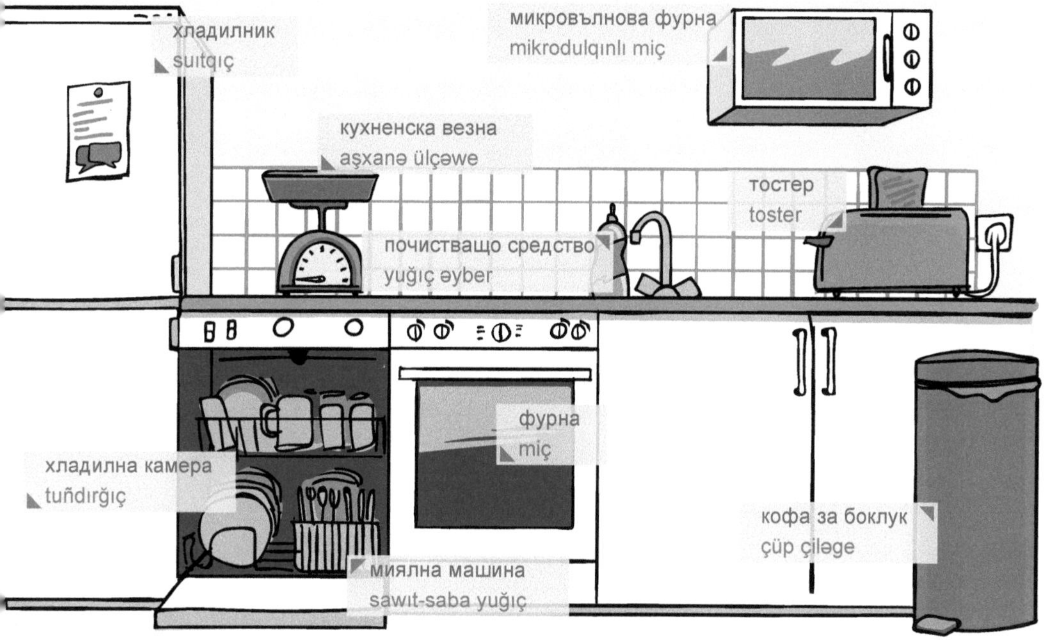

готварска печка

əwsək

тенджера

sağan

желязна тенджера

çuyın sağan

уок / кадаи

wok

тиган

taba

кана за затопляне на вода

çəygün

уред за готвене на пара

bulı peşergeç

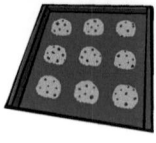

тава за печене

qalay

съдове

sawıt-saba

чаша

təgəç

купа

kəsə

клечки за хранене

aşaw tayaqçıqları

черпак

ucaw

лопатка за тиган

spatula

тел за разбиване (на яйца, белтъци)

tuğlağıç

кошница за варене

sözgeç

гевгир

ilək

ренде

qırğıç

хаван

kile

барбекю

barbekü

огнище

açıq uçaq

кухня - aş bülməse

дъска
taqta

точилка
uqlaw

тирбушон
böke suırğıç

кутия
metal tartma

отварачка за консерви
kənsir açqıç

кухненска ръкохватка
miç biyələye

мивка
kirşən

четка
fırça

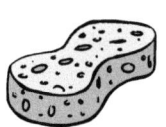
гъба
bolıt

миксер
blender

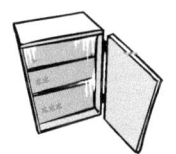
фризер
tirən tuñdırğıç

бебешко шише
imezlekle şeşə

воден кран
çömək

кухня - aş bülməse

37

баня
yuınu bülməsе

- отопление / cılıtu
- душ / duş
- хавлиена кърпа / sölge
- завеса за баня / duş pərdəsе
- шампоан за вана / kübekle vanna
- вана / vanna
- стъклена чаша / tustağan
- перална машина / ker yuğıç
- воден кран / çömək
- плочки / fayans
- гърне / lazemlek
- мивка / kirşən

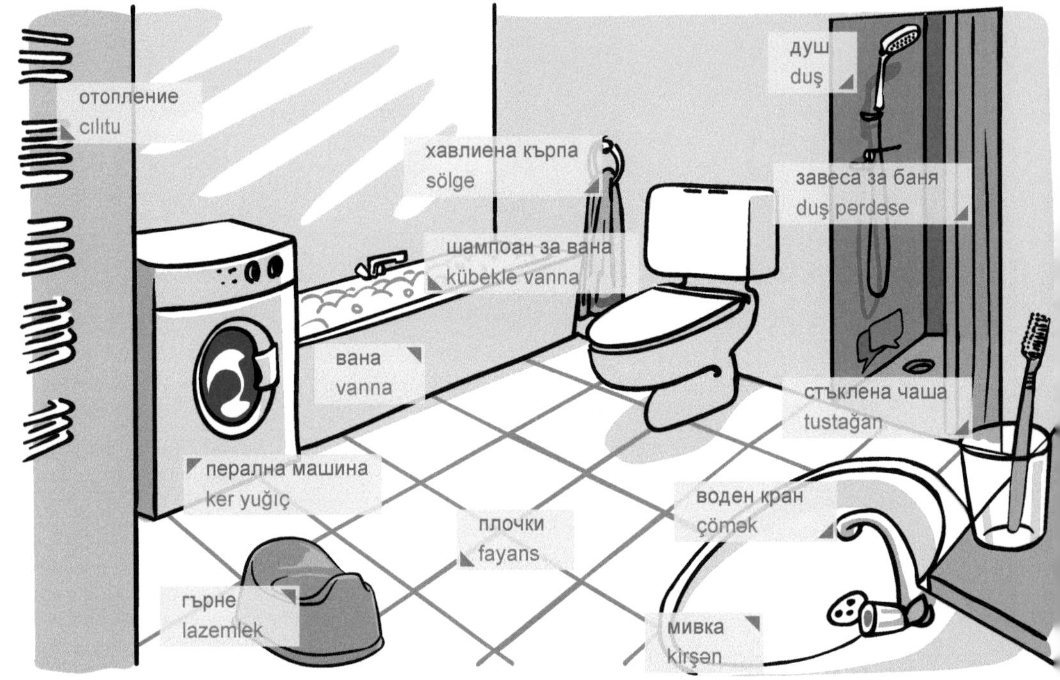

тоалетна
bədrəf

клекало
törekçə bədrəf

биде
bide

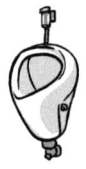

писоар
pissuar

тоалетна хартия
bədrəf kəğəze

четка за тоалетна
bədrəf fırçası

четка за зъби

teş fırçası

паста за зъби

teş məğcüne

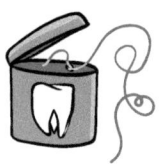

конец за зъби

teş cebe

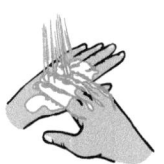

мия

yuarğa

ръчен душ

duş başlığı

интимен душ

duş

леген

kirşən

четка за гръб

arqa fırçası

сапун

sabın

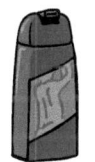

душ гел

duş señəle

шампоан за вана

şampun

гъба за баня

munçala

сифон

ağım

крем

krem

дезодорант

dezodorant

баня - yuınu bülməse

огледало
közge

козметично огледало
qul közgese

ръчна самобръсначка
östərə

пяна за бръснене
qırınu kübege

одеколон за след бръснене
qırınu losyonı

гребен
taraq

четка
fırça

сешоар
fön

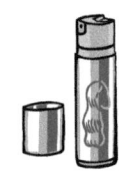
спрей за коса
çəç sprəye

грим
makiyaj

червило
iren innege

лак за нокти
tırnaq cələse

памук
mamıq

ножица за нокти
tırnaq qayçısı

парфюм
xuşbuy

баня - yuınu bülməse

тоалетна чантичка

makiyaj buqçası

табуретка

utırğıç

везна

ülçəw

хавлия

çoba

домакински ръкавици

rezin iləsə

тампон

tampon

дамски превръзки

higiyenik pəd

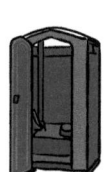

химическа тоалетна

kimiyəwi bədrəf

баня - yuınu bülməse

детска стая
bala bülməsе

будилник
uyatqıç səğət

плюшена играчка
yomşaq uyınçıq

автомобил играчка
uyınçıq maşina

дрънкалка
şaltırawıq

къща за кукли
qurçaq yortı

подарък
bülək

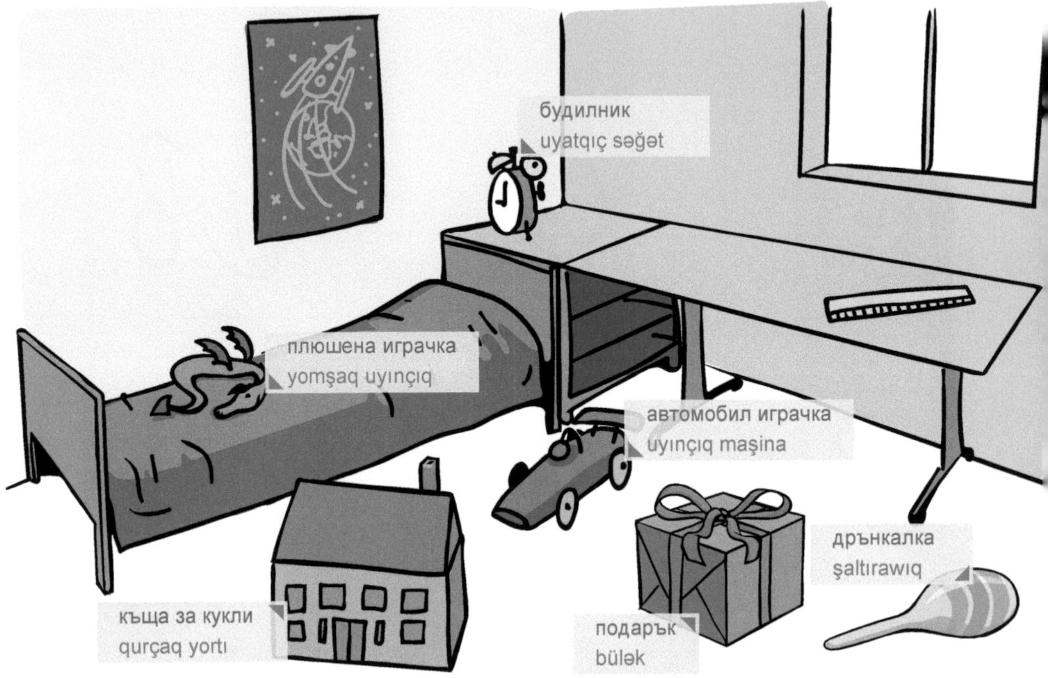

балон

hawa şarı

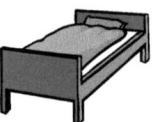

легло

yataq

детска количка

bəbi arbası

игра на карти

kərt dəstəsе

пъзел

pazl

комикс

komiks

лего елементи
lego kirpeçləre

строителни елементи
şaqmaqlar

екшън фигурка
uyın sınçığı

бебешки гащеризон
zıbın

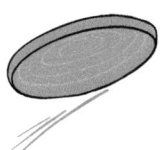

фрисби
frisbi

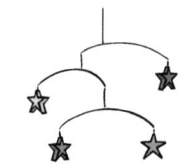

бебешки играчки за легло
mobil

настолна игра
östəl uyını

зарче
uyın taşı

миниатюрно влакче
trən modele cıyılması

биберон
imezlek

парти
kiçə

детска книга с илюстрации
rəsemle kitap

топка
tup

кукла
qurçaq

играя
uynarğa

детска стая - bala bülməse

пясъчник
qomlıq

люлка
tağan

играчка
uyınçıqlar

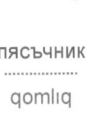

игрова конзола
uyın quşması

велосипед с три колелета
öç köpçəkle səpid

плюшено мече
uyınçıq ayu

гардероб
kiyem dulabı

облекло
kiyem

къси чорапи
oyıqbaş

дълги чорапи
oyıq

чорапогащник
oyığıştan

облекло - kiyem

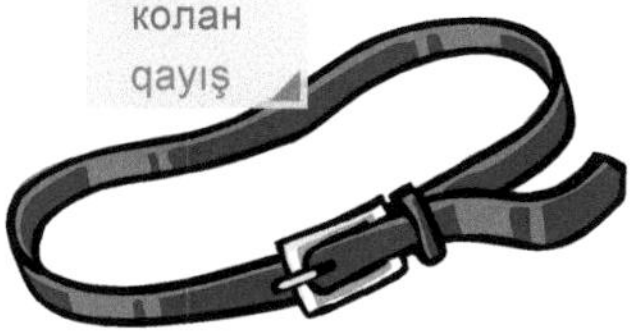

шал — şarf

колан — qayış

чадър — qulçatır

Т-шърт — t-külmək

гуменки — sport ayaq kiyeme

ботуши — itek

пантофи — çəpələy

сандали
sandallar

обувки
ayaq kiyeme

гумени ботуши
rezin itek

слип
tənban

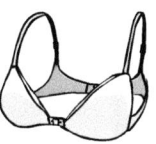

сутиен
tüşti

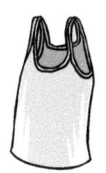

долна блуза
cələk

облекло - kiyem

боди — bodi

панталон — çalbar

дънки — jins

пола — itək

блуза — bluz

риза — külmək

пуловер — sviter

суичър — hudi

блейзър — bleyzer

яке — jaket

палто — bişmət

дъждобран — yañğırlıq

костюм — kəçtüm

рокля — külmək

булчинска рокля — tuy külməge

костюм

taqım kiyem

нощница

tönge külmək

пижама

pijama

сари

sari

кърпа за глава

yawlıq

тюрбан

çalma

бурка

burqa

кафтан

çapan

абая

abaya

бански костюм

qoyınu kiyeme

плувни шорти

yözü tənbanı

къс панталон

şort

анцуг

sport kiyeme

престилка

alyapqıç

ръкавици

iləsə

облекло - kiyem   47

копче — töymə
очила — küzlek
гривна — beləzek

верижка — muyınsa
пръстен — baldaq
обеца — alqa

каскет — kəpəç
закачалка — elgeç
шапка — eşləpə

вратовръзка — muyınbaw
цип — zıncır
каска — oçlam

тиранти — çalbar ırması
ученическа униформа — məktəp forması
униформа — forma

облекло - kiyem

лигавник

balalar kükrəkçəse

биберон

imezlek

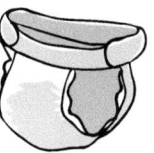

пелена

küzələ

офис
ofis

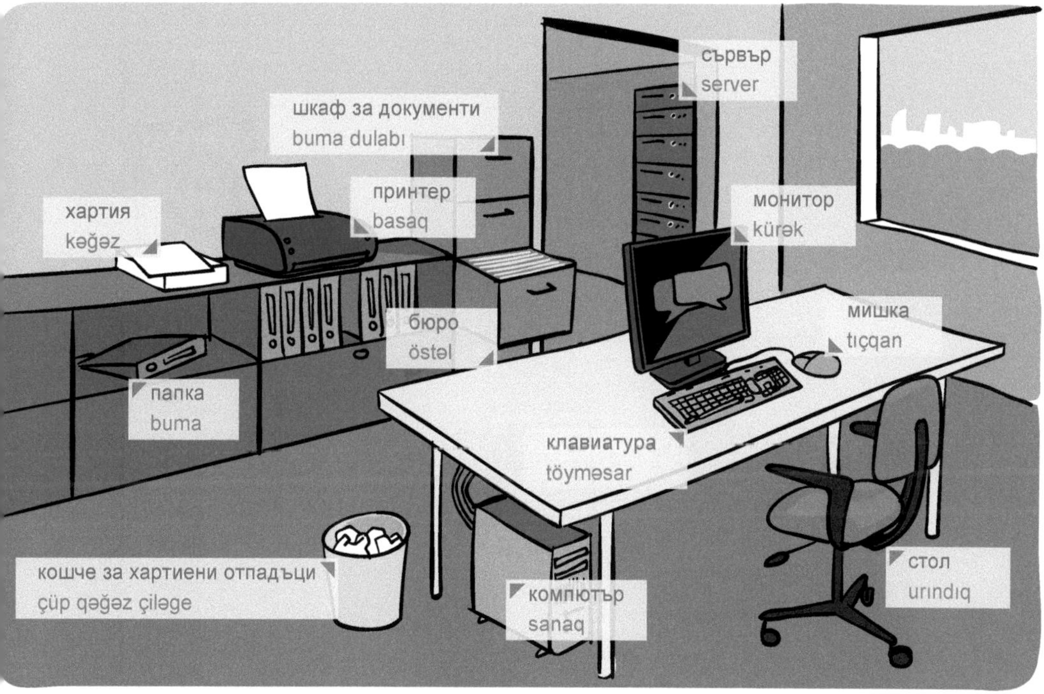

- сървър / server
- шкаф за документи / buma dulabı
- принтер / basaq
- монитор / kürək
- хартия / kəğəz
- бюро / östəl
- мишка / tıçqan
- папка / buma
- клавиатура / töyməsar
- кошче за хартиени отпадъци / çüp qəğəz çiləge
- стол / urındıq
- компютър / sanaq

чаша за кафе

qəhwə təgəçe

джобен калкулатор

sansanar

интернет

internet

лаптоп
ləptop

писмо
xat

съобщение
xəbər

мобилен телефон
kesə telefonı

мрежа
çeltər

ксерокс
fotokopyaçı

софтуер
program təminatı

телефон
telefon

контакт
ayırğıç

факс
faks

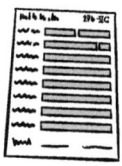

формуляр
form

документ
dokument

икономика
iqtisad

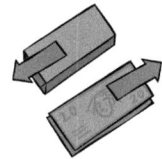
купувам
satıp alırğa

плащам
tülərgə

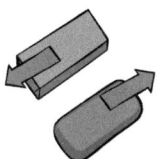
търгувам
səwdə itərgə

пари
aqça

долар
dollar

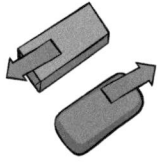
евро
euro

йена
yen

рубла
sum

швейцарски франк
frank

ренминби юан
yuan

рупия
rupi

банкомат
bankomat

обменно бюро
valüta bürosı

злато
altın

сребро
kömeş

нефт
qaramay

енергия
energiyə

цена
bəyə

договор
kontrakt

данък
salım

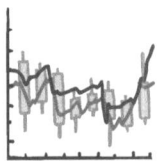

акция
stok

работя
eşlərgə

служител
eşçe

работодател
eş birüce

фабрика
fabrika

магазин за цветя
kibet

икономика - iqtisad

професии
hönərlər

полицай
polisə xezmətkərə

пожарникар
yangın sünderüçe

готвач
aşçı

лекар
tabib

пилот
oçuçı

градинар
baqçaçı

мебелист
ağaç ostası

шивачка
tegüçe

съдия
xökemçe

химик
kimiyəçe

артист
aktor

шофьор на автобус
awtobus yörtüçe

шофьор на такси
taksiçe

рибар
balıqçı

чистачка
cıyıştıruçı xatın

майстор на покриви
tübə yabuçı

келнер
tabınçı

ловец
awçı

художник
rəssam

хлебар
ikməkçe

електротехник
elektrçı

строителен работник
tözüçe

инженер
möhəndis

касапин
itçe

тенекеджия
çöməkçe

пощальон
yamılçı

 войник ğəskəri	 архитект miğmar	 касиер kassir
 цветар çəçəkçe	 фризьор çəçtaraş	 кондуктор konduktor
 механик mekanik	 капитан kapitan	 зъболекар teş tabibı
 научен работник ğalim	 равин rabbi	 имàм imam
 монах kəşiş	 свещеник ruxani	

професии - hönərlər

инструменти
ələtlər

чук
çükeç

клещи
qarğaborın

отвертка
şörepborğıç

гаечен ключ
İngliz açqıçı

джобна лампа
qul fanarı

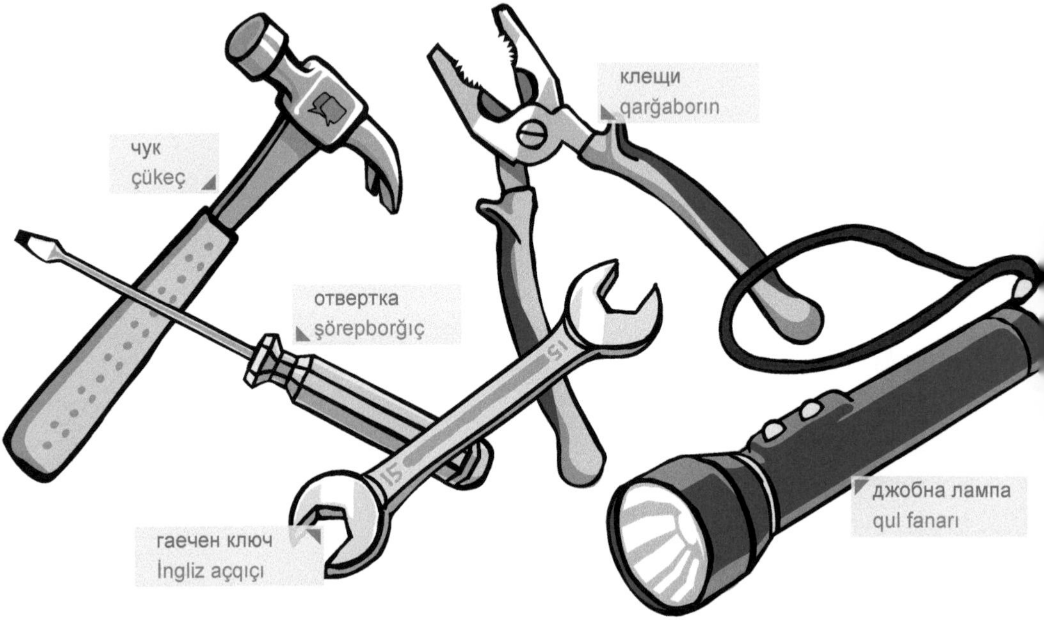

багер
qazu maşinası

кутия за инструменти
ələt buqçası

стълба
basqıç

трион
pıçqı

пирони
qadaqlar

бормашина
dril

инструменти - ələtlər

ремонтирам
tözətergə

лопата
körək

По дяволите!
Şaytan alğırı!

лопатка за смет
sosqı

кутия за боя
buyaw sawıtı

болтове
mıqlar

музикални инструменти
muzıka alətlərе

ударни инструменти
dawılbaz taqımı

високоговорител
tawış köçəytkeç

контрабас
kontrabas

тромпет
bırğı

китара
gitar

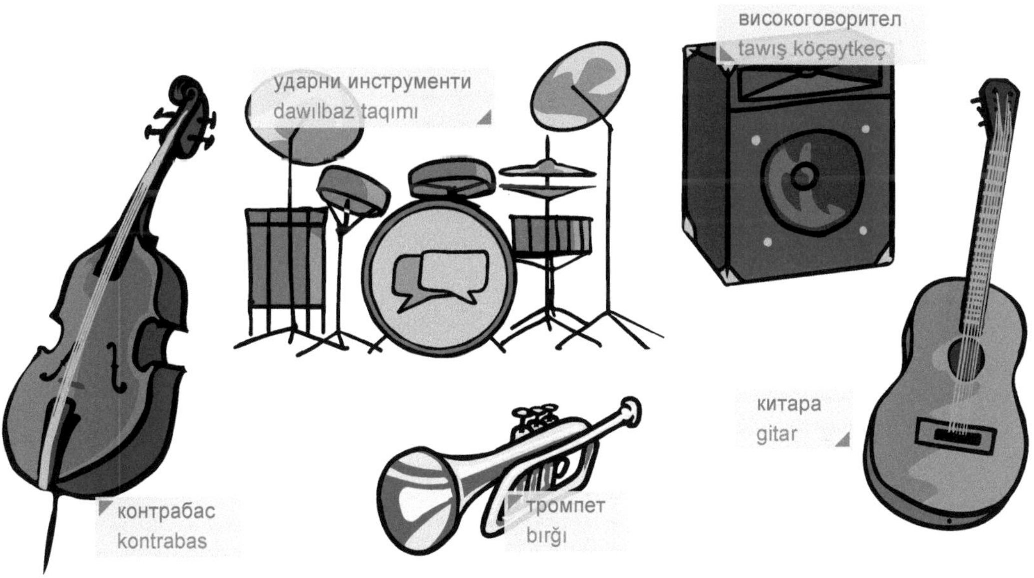

пиано	виолина	контрабас
piano	kəmən	bas gitar

тимпан	барабан	електрическо пиано
timpani	dawılbaz	töyməsar

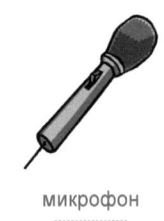

саксофон	флейта	микрофон
saksofon	flüt	mikrofon

музикални инструменти - muzıka alətləre

зоологическа градина
xaywan baqçası

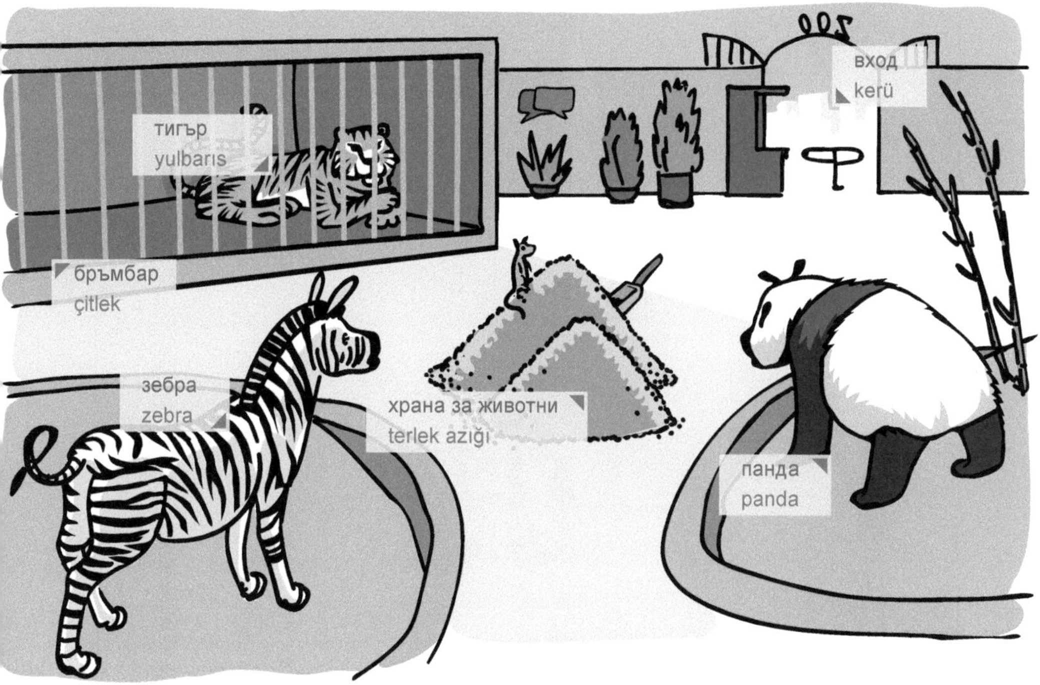

тигър / yulbarıs
вход / kerü
бръмбар / çitlek
зебра / zebra
храна за животни / terlek azıgı
панда / panda

животни

xaywannar

слон

fil

кенгуру

köngerə

носорог

kərkədən

горила

gorilla

мечка

ayu

камила
döyə

щраус
təwə qoşı

лъв
arıslan

маймуна
maymıl

фламинго
flamingo

папагал
tutıy qoş

бяла мечка
aq ayu

пингвин
pingwin

акула
küpek balığı

паун
tawis

змия
yılan

крокодил
timsax

пазач в зоологическа
градина
xaywan baqçası
xezmətkəre

тюлен
suete

ягуар
yaguar

зоологическа градина - xaywan baqçası

пони

poni

леопард

qaplan

хипопотам

su ayğırı

жираф

zörəfə

орел

börket

диво прасе

qaban duñğızı

риба

balıq

костенурка

taşbaqa

морж

morşa

лисица

tölke

газела

ğəzəl

зоологическа градина - xaywan baqçası

спорт
sport törləre

американски футбол / Amerika futbolı
колоездене / səpid
тенис / tennis
баскетбол / basketbol
плуване / yözü
бокс / boks
хокей на лед / xokkey

футбол / futbol
бадминтон / badminton
лека атлетика / atletika
хандбал / handbol
ски бягане / çañğı
поло / polo

дейности
itkenleklər

скачам / sikerergə
прегръщам / qoçaqlarğa
смея се / kölərgə
вървя / yörergə
пея / cırlarğa
сънувам / xıyallanırğa
моля се / ğibədət qılırğa
целувам / übərgə

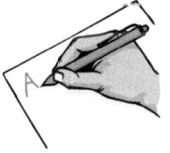

пиша
yazarğa

рисувам
rəsem yasarğa

показвам
kürsətergə

бутам
etərgə

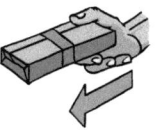

давам
birergə

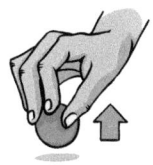

взимам
alırğa

имам
iyə bulırğa

правя
eşlərgə

съм
bulırğa

стоя
basıp torırğa

тичам
yögerergə

дърпам
tartırğa

хвърлям
taşlarğa

падам
yığılırğa

лежа
yatarğa

чакам
kötərgə

нося
taşırğa

седя
utırırğa

обличам
kiyenergə

спя
yoqlarğa

събуждам се
uyanırğa

дейности - itkenleklər

разглеждам
qararğa

плача
yılarğa

милвам
sıyparğa

реша се
tararğa

говоря
söyləşergə

разбирам
añlarğa

питам
sorarğa

слушам
tıñlarğa

пия
eçərgə

ям
aşarğa

разтребвам
cıyıştırınırğa

обичам
söyərgə

готвя
peşerergə

карам автомобил
sörergə

летя
oçarğa

дейности - itkenleklər

65

плавам (с платна)
diñgezgə açılu

смятане
isəpləw

чета
uqırğa

уча
öyrənergə

работя
eşlərgə

женя се
öylənergə

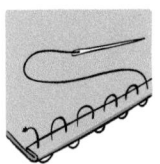
шия
tegərgə

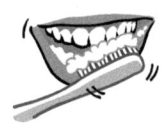
измивам си зъбите
teş fırçalarğa

убивам
üterergə

пуша
təməke tartırğa

изпращам
cibərergə

дейности - itkenleklər

семейство
ğailə

посетител

qunaq

леля

apa

чичо

abıy

брат

abıy / ene

сестра

apa / señel

тяло
tən

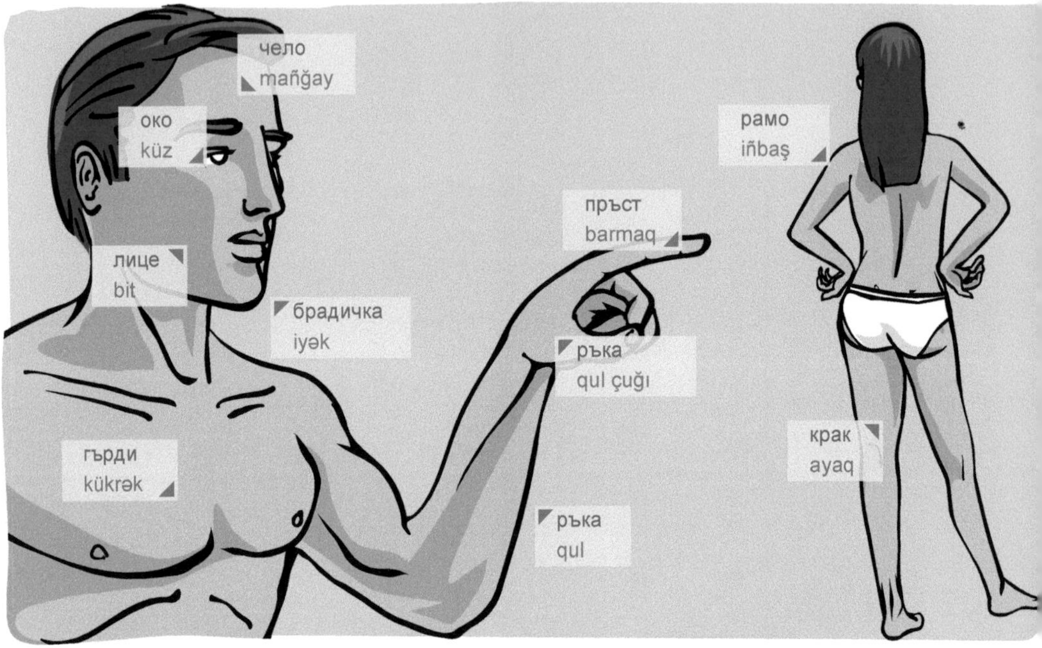

чело
mañğay

око
küz

рамо
iñbaş

пръст
barmaq

лице
bit

брадичка
iyək

ръка
qul çuğı

гърди
kükrək

крак
ayaq

ръка
qul

бебе

sabıy

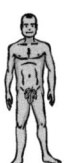

мъж

ir

жена

xatın

момиче

qız

момче

malay

глава

baş

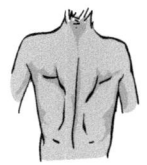

гръб
arqa

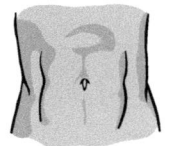

корем
eç

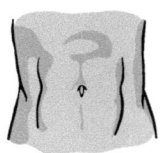

пъп
kendek

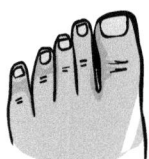

пръст на крака
ayaq barmağı

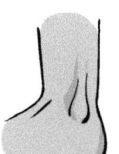

пета
ükçə

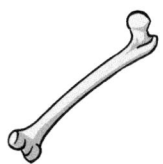

кост
söyək

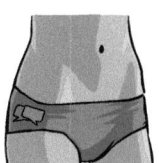

хълбок
bot

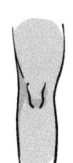

коляно
tez

лакът
tersək

нос
borın

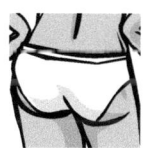

седалище
art san

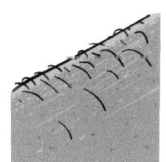

кожа
tire

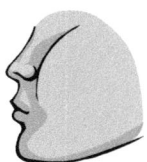

буза
yañaq

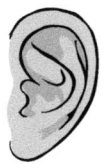

ухо
qolaq

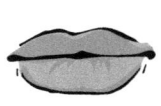

устна
iren

тяло - tən

уста
awız

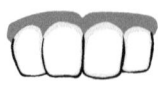
зъб
teş

език
tel

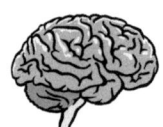
мозък
mi

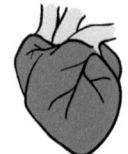
сърце
yörək

мускул
ğəzlə

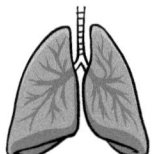
бял дроб
üpkə

черен дроб
bawır

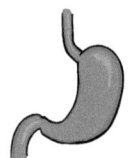
стомах
aşqazanı

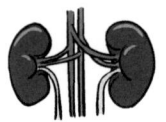
бъбреци
böyerlər

полово сношение
seks

кондом
prezervativ

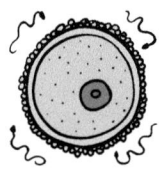
яйцеклетка
kükəy küzənək

сперма
məni

бременност
kömən

70   тяло - tən

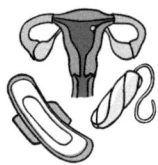
менструация
kürem

вагина
vagina

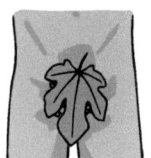
пенис
penis

вежда
qaş

коса
çəçlər

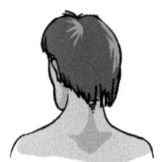
шия
muyın

тяло - tən

болница
xastaxanə

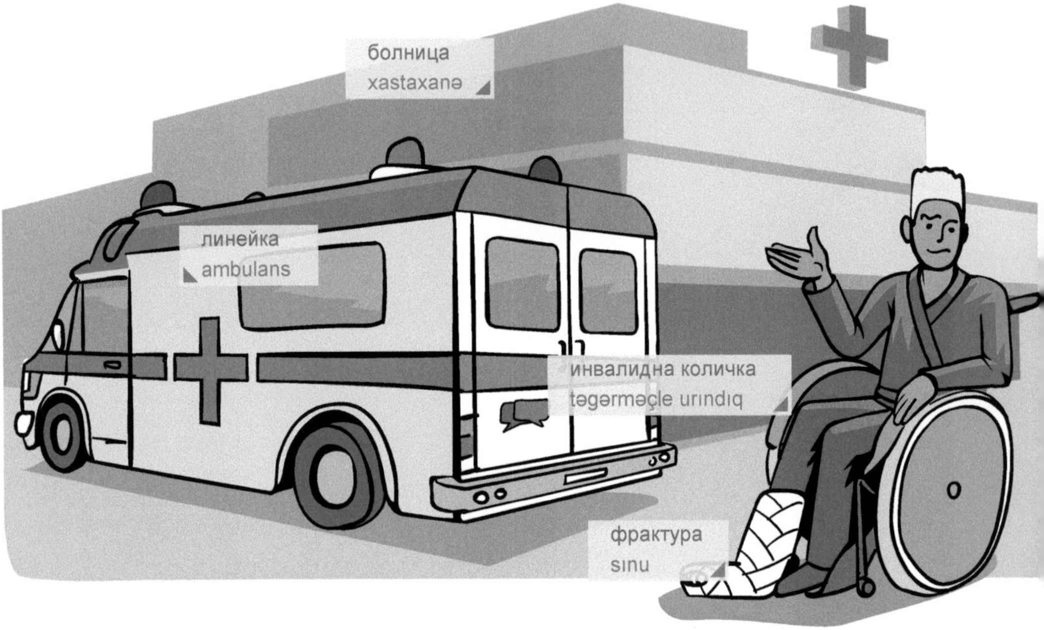

болница
xastaxanə

линейка
ambulans

инвалидна количка
təgərməcle urındıq

фрактура
sınu

лекар

tabib

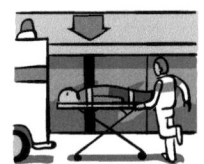

спешна хоспитализация

aşığıç yərdəm bülməse

медицинска сестра

şəfqət tutaşı

спешен случай

kiçektergesez xəl

в безсъзнание

añsız

болка

awırtu

нараняване
cərəxətlənü

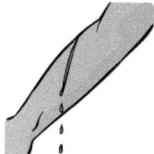

кървене
qan ağu

инфаркт
infarkt

инсулт
insult

алергия
allergiyə

кашлица
yütəl

температура
qızu

грип
grip

диария
eç kitü

главоболие
baş awırtu

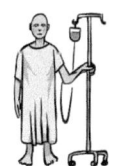

рак
yaman şeş

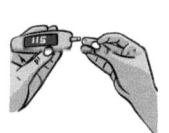

диабет
diabet

хирург
xirurg

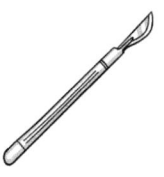

скалпел
skalpel

операция
ğəməliyət

болница - xastaxanə

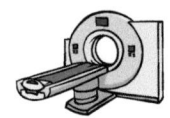

компютърна томография
ST

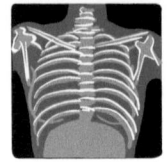

рентген
röntgen

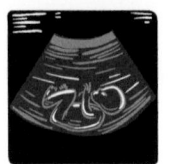

ултразвук
ultratawış

маска
bitlek

болест
awıru

чакалня
kötü bülməse

патерица
qultıq tayağı

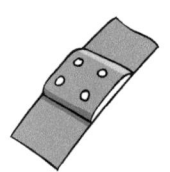

пластир
plaster

превръзка
bəyləweç

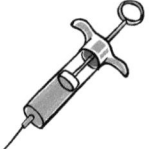

инжекция
qadaw

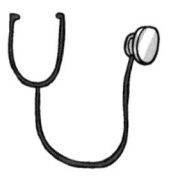

стетоскоп
stetoskop

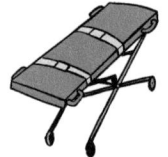

носилка
sədiyə

термометър
klinik termometr

раждане
tuu

наднормено тегло
artıq awırlıq

болница - xastaxanə

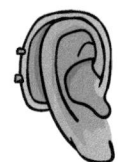

слухов апарат

işetü cihazı

дезинфекционно средство

dezinfektant

инфекция

yoğış

вирус

virus

HIV / AIDS

KİV / BİDS

медицина

daru

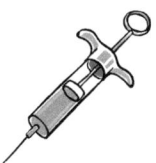

ваксинация

vaksinalanu

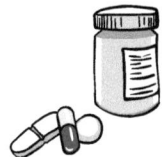

таблети

tabletlər

противозачатъчна таблетка
kontraseptiv tablet

спешно телефонно обаждане
aşığıç çaqıru

апарат за измерване на кръвното налягане

qan basımı ülçəgeçe

болен / здрав

awıru / sələmət

болница - xastaxanə

спешен случай
kiçektergesez xəl

Помощ!	сигнал за тревога	нападение
Qotqarığız!	xəwef tawışı	höcüm

атака	опасност	авариен изход
höcüm	qurqınıç	aşığıç çığu

Пожар!	пожарогасител	злополука
Yangın!	ut sündergeç	qaza

комплект за оказване на първа помощ	SOS	полиция
berençe yərdəm buqçası	SOS	polisə

Земя
Cir

Европа

Awrupa

Северна Америка

Tönyaq Amerika

Южна Америка

Könyaq Amerika

Африка

Afrika

Азия

Asya

Австралия

Awstralya

Атлантически океан

Atlantik okean

Тихи океан

Tın okean

Индийски океан

Hind okeanı

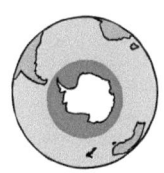

Южен ледовит океан

Antarktik okean

Северен ледовит океан

Arktik okean

Северен полюс

Tönyaq qotıp

Южен полюс
Könyaq qotıp

Антарктида
Antarktika

Земя
Cir

суша
qorı cir

море
diñgez

остров
utraw

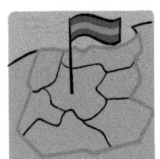
нация
millət

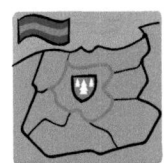
държава
dəwlət

часовник
səğət

циферблат

səğət bite

стрелка на часовете

səğət uğı

стрелка на минутите

minut uğı

стрелка на секундите

sekund uğı

Колко е часът?

Səğət niçə?

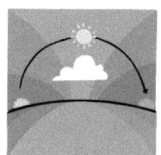

ден

kön

време

waqıt

сега

xəzer

дигитален часовник

dijital səğət

минута

minut

час

səğət

седмица
atna

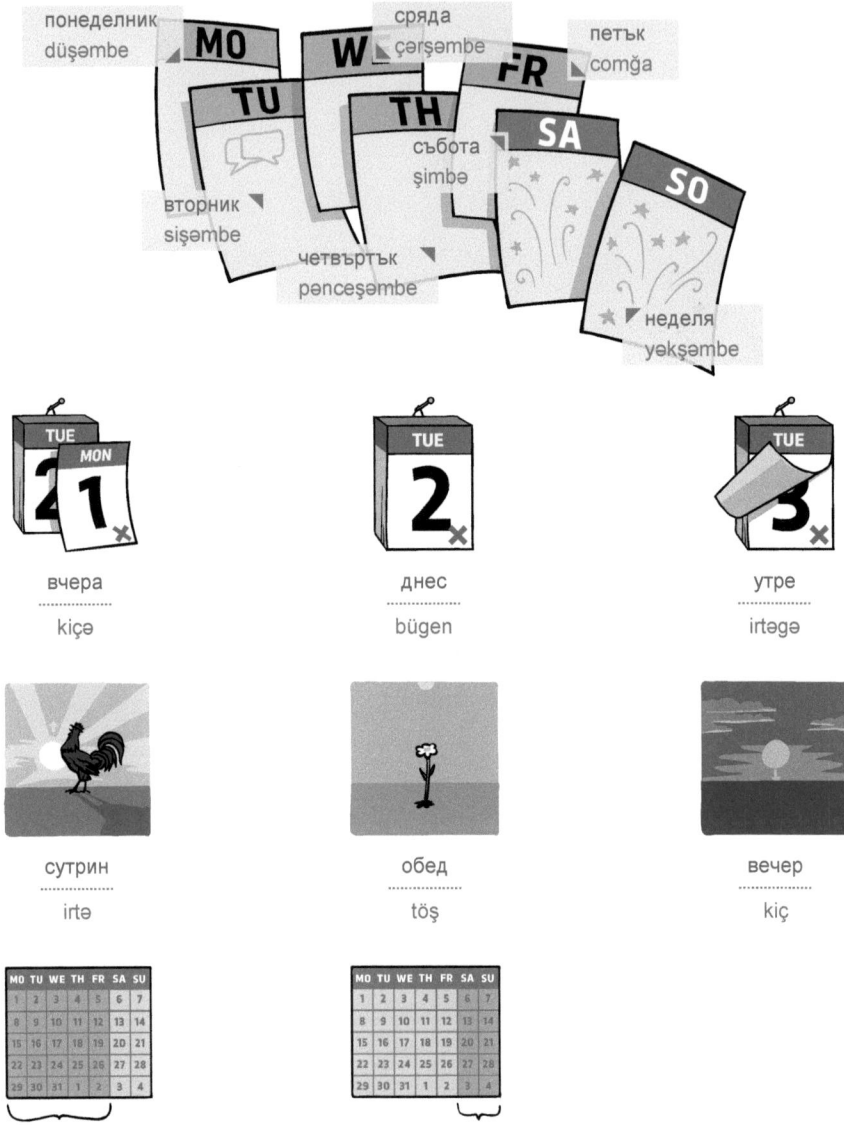

понеделник
düşəmbe

сряда
çərşəmbe

петък
comğa

вторник
sişəmbe

събота
şimbə

четвъртък
pənceşəmbe

неделя
yəkşəmbe

вчера
kiçə

днес
bügen

утре
irtəgə

сутрин
irtə

обед
töş

вечер
kiç

работни дни
eş könnəre

уикенд
yal könnəre

седмица - atna

година
yıl

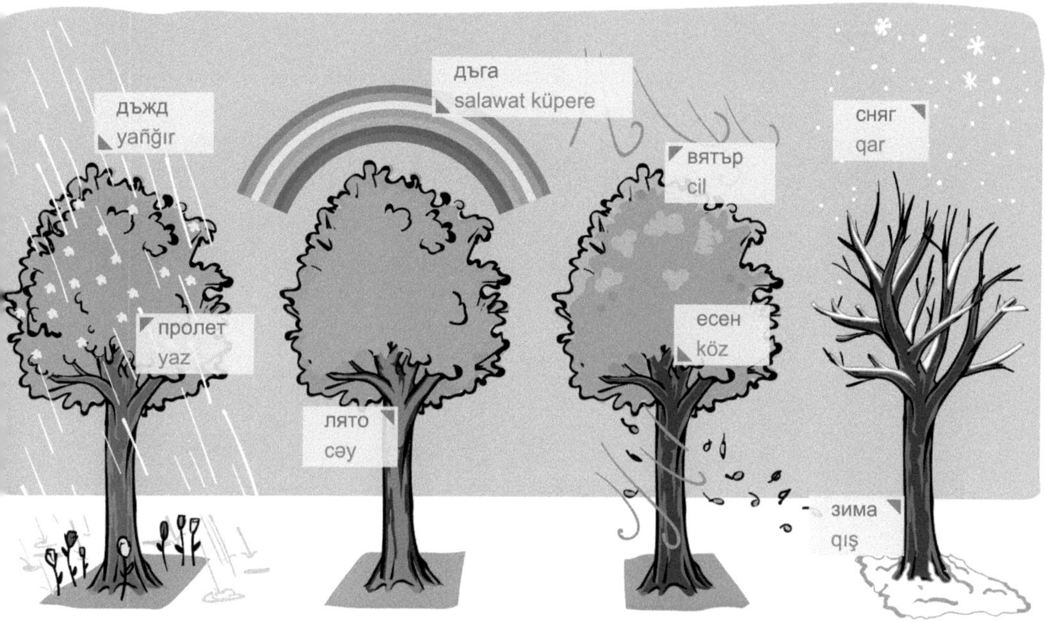

дъжд / yañğır
дъга / salawat küpere
пролет / yaz
лято / cəy
вятър / cil
есен / köz
сняг / qar
зима / qış

прогноза за времето
hawa torışı

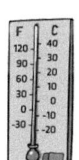

термометър
termometr

слънчева светлина
qoyaş yaqtısı

облак
bolıt

мъгла
toman

влажност на въздуха
dımlılıq

светкавица
yəşen

гръмотевица
kük kükrəw

буря
dawıl

градушка
boz

мусон
musson

наводнение
su basu

лед
boz

януари
Qırlaç

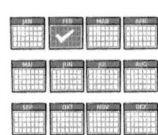
февруари
Aqman

март
Buşay

април
Yañarış

май
Saban

юни
Çereşmə

юли
Peçən

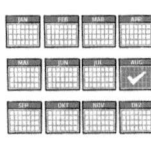
август
Uraq

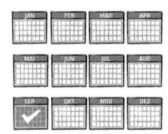
септември
Indır

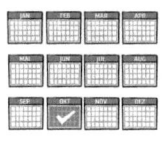
октомври
Bilek

ноември
Qaraköz

декември
Kerəw

форми
şəkellər

кръг
tügərək

квадрат
dürtkel

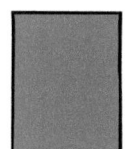
четириъгълник
turıpoçmaq

триъгълник
öçpoçmaq

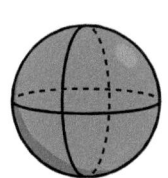
сфера
körrə

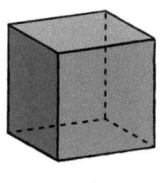
куб
kub

цветове
töslər

бял

aq

жълт

sarı

оранжев

qızğılt sarı

розов

al

червен

qızıl

лилав

şəmxə

син

zəñgər

зелен

yəşel

кафяв

körən

сив

sorı

черен

qara

противоположности
qapma-qarşılıqlar

много / малко
küp / az

ядосан / спокоен
usal / tınıç

красив / грозен
matur / yəmsez

начало / край
baş / axır

голям / малък
zur / keçkenə

светъл / тъмен
yaqtı / qarañğı

брат / сестра
abıy, ene / apa, señel

чист / мръсен
taza / pıçraq

пълен / непълен
təmam / təmamlanmağan

ден / нощ
kön / tön

мъртъв / жив
üle / tere

широк / тесен
kiñ / tar

ядлив / неядлив

aşarğa yaraqlı / aşarğa yaraqsız

сърдит / любезен

yaman / yaxşı

развълнуван / скучаещ

dulqınlanğan / yalıqqan

дебел / тънък

yuan / yabıq

най-напред / най-накрая

berençe / soñğı

приятел / враг

dus / doşman

пълен / празен

tulı / buş

твърд / мек

qatı / yomşaq

тежък / лек

awır / ciñel

глад / жажда

açlıq / susaw

болен / здрав

awıru / sələmət

нелегален / легален

qanunsız / qanunlı

интелигентен / глупав

aqıllı / aqılsız

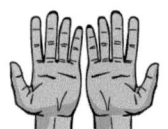

ляво / дясно

sul / uñ

близо / далече

yaqın / yıraq

нов / употребяван

yaña / qullanılğan

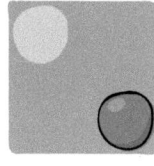

нищо / нещо

hiçnərsə / nərsəder

стар / млад

ölkən / yəş

вкл. / изкл.

qabızdırılğan / sünderelgən

отворен / затворен

açıq / yabıq

тих / силен (звук)

tawıssız / göreltele

богат / беден

bay / yarlı

правилен / погрешен

dörеs / yalğış

грапав / гладък

qıtırşı / şoma

тъжен / щастлив

küñelsez / küñelle

дълъг / къс

qısqa / ozın

бавен / бърз

aqrın / tiz

мокър / сух

dımlı / qorı

топъл / студен

cılı / salqın

война / мир

suğış / tınıçlıq

противоположности - qapma-qarşılıqlar

числа
sannar

0
нула
sıfır

1
едно
ber

2
две
ike

3
три
öç

4
четири
dürt

5
пет
biş

6
шест
altı

7
седем
cide

8
осем
sigez

9
девет
tuğız

10
десет
un

11
единадесет
unber

12
дванадесет
unike

13
тринадесет
unöç

14
четиринадесет
undürt

15
петнадесет
unbiş

16
шестнадесет
unaltı

17
седемнадесет
uncide

18
осемнадесет
unsigez

19
деветнадесет
untuğız

20
двадесет
yegerme

100
сто
yöz

1.000
хиляда
meñ

1.000.000
милион
million

езици
tellər

английски

inglizcə

американски английски

Amerika inglizcəse

китайски мандарин

Mandarin qıtayçası

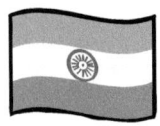

хинди

hindi

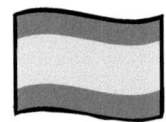

испански

İspança

френски

Fransızca

арабски

Ğərəpçə

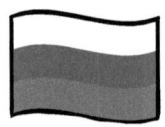

руски

Rusça

португалски

Portugalça

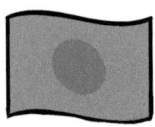

бенгалски

Bengali

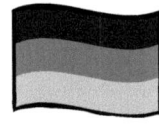

немски

Almança

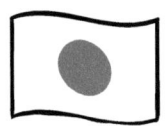

японски

Yaponça

кой / какво / как
kem / nərsə / niçek

аз
min

ти
sin

той / тя / то
ul / ul / ul

ние
bez

вие
sez

те
alar

кой?
kem?

какво?
nərsə?

как?
niçek?

къде?
qayda?

кога?
qayçan?

име
isem

къде
qayda

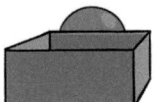

зад
artta

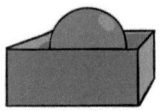

в
eçendə

пред
aldında

над
östendə

върху
östendə

под
astında

до
yanında

между
arasında

място
urın